なやまん・れんしゅうちょう

ふあんなきもちが
なくなるどうぐばこ

著：アリス・ジェイムズ
イラスト・装幀：ステファン・モンクリーフ
訳：田中茂樹

保育社
HOIKUSHA

心配ごとのない
人はいない

心配ごとってうっとおしい。でも人間にとって心配することはごくふつうのことだし、ざんねんだけどよくあることだよね。だれだっていくらかはなやむけど、すごく心配してしまう人もいるよね。

心配することは悪いことじゃない。うまくやることやせいちょうするために役に立つ。でも、キミがキミらしく生きていくためにも、心配ごとに上手につきあうことはとても大切だよ。

なので、この本を、なんというか、心配ごとかいしょうの道具箱として使ってほしいんだ。心配ごとが頭の中にいすわらないように、キミを落ち着かせてくれたり、きもちをまぎらわせてくれたりするものや、なやみをほうりだせる場所も、たくさんあるよ。

なやみかいしょう道具箱

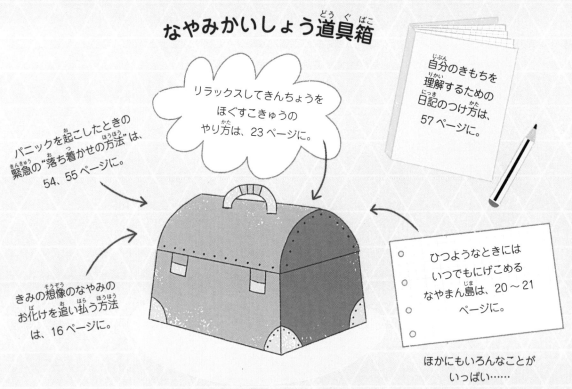

リラックスしてきんちょうを
ほぐすこきゅうの
やり方は、23ページに。

自分のきもちを
理解するための
日記のつけ方は、
57ページに。

パニックを起こしたときの
緊急の"落ち着かせの方法"は、
54、55ページに。

きみの想像のなやみの
お化けを追い払う方法
は、16ページに。

ひつようなときには
いつでもにげこめる
なやまん島は、20〜21
ページに。

ほかにもいろんなことが
いっぱい……

なんでぼくたちは
なやむんだろう？

キミがきけんをさけられるように、安全でいられるように。そのためになやみはあるんだ。危ないときに「ビーッ！」と鳴るアラームみたいにね。キミがなやんでいるとき、体のなかでは化学物質が出てくるんだ。キミがきけんに立ち向かえるようにね。

体が熱くなってくる

しんぞうがドキドキはやくなる

手に汗をかいて、ふるえる

すごくきけんなじょうきょうでは、心配することはキミの命を守るんだ。たとえば、車の前にとび出すのをふせぐようにね。でも、毎日ふつうにくらしていくなかでは、それはひつようない。キミが心配ごとでなやんでいるとき、ほとんどの場合は、それは不安を知らせるけいほうのしくみがおおげさに反応してしまっているんだ。ほかの人よりもずっとアラームがなりやすい人だっている。大事なことは、どれだけなやむかではなくて、どうやってなやみや不安とつきあうかなんだ。

そして、この本が
役に立つのは
そこなんだなぁ……

この本はこういうふうに 役に立つよ

いろいろな小さな心配ごとから、とてつもない大きな心配ごとまで、キミがどんな心配ごとにつきあうときにも役に立つよ。
心配ごとを完全になくすことはできないかもしれないけど、少しは楽になる方法が３つある。

1. 何が問題なのか気づかせてくれる

自分がどう感じているのか、それを考えることは役に立つよ。
キミは心配している？それとも、本当はワクワクしている？それともイライラしている？
自分がどう感じているのか、それがわかることを「感情への気づき」というんだ。それは下のページに書かれているよ。

グルグル歩き回るための
"きもちの地図" はここ
……8-9

言葉ではなく、
きもちをうまく
あらわす色
の使い方がわかる
ページはここ
……26-27

心配や感情を科学で
説明してくれるのはここ
……22、44、64、88

2. 心配をおいておける場所をあげるよ

心配になっているときに、心配の行き場がなくなって、どんどん大きくなってしまうことがあるよね。そういうときに、その心配を頭の中から取り出して、紙の上に広げてしまえるといいよね。そういうページが、この本にはたくさんあるよ。

3. 気をまぎらわせる

楽になるためには、いつも心配ごとそのものに集中しなくてもいいんだよ。
心配ごととはまったくべつのことを考えることが、じつは一番いいやり方
だってこともよくあるんだ。

キミの心がほかのことでいっぱいになったら、心配ごとはおし出されてど
こかに行ってしまうんだ。

きもちがまぎれているうちに、なやんでいたことがすっかり消えてしまう
ことってあるよね。

いつの間にかひとりでに心のおくにひっこんでしまう。

物づくりのざいりょう

しゅりけん
おりがみ
……84

なやみの箱
……12

書いたりそうぞうしたり
するざいりょう

なやまん島
……20

おもしろい
めちゃくちゃ
歌……40

お話づくり……
46、70

かざりつけたり、落書きしたり、
デザインしたりするざいりょう

絵やかたちを
かく
……32、72

絵具をと
ばしてぬる
…66

めいろを進む
……38

落書きする
……18、52

自分の体を使って行う
ざいりょう

こきゅうする
……23

ヨガ
……68

リラックス
する
……65

体を動かす
……34

6

こういうことをするのを、キミはもしかしたら、なんかへんじゃない？
と感じるかも。ふつうは、感情について考えたりしないし、なやみモン
スターを想像したり絵にかいたりするのってなんかバカバカしいよね。
でも、そう感じるのは当然なので気にしなくていいんだ。とにかく、ま
あやってみて。そして、どうなるか、感じてみよう！

この本に書かれていることは、ある心理学者（脳科学や行動のせんもん
家）にチェックしてもらって、オススメです、と言ってもらってるんだ。
いろいろな人のいろいろななやみに役に立つことがたくさん書かれてい
る。なので、そのうちのどれかはキミの役に立つと思うよ。

プリントして
何度でもやってみよう。

この本にけいさいされている教材は、
保育社のホームページからダウンロードできます。
プリント教材として
何度でもくり返して行うことができます。
http://www.hoikusha.co.jp/

どんなきもち？

本当は自分はどんなきもちなのか、それをちゃんと知ることはとても役に立つんだよ。
もしもぴったりの言葉が見つからないときには、この"感情の地図"でうろうろと探してみてね。
このページに何回でも戻ってきていいから。キミのきもちにぴったりの言葉がないときは、言葉を書き足してね。

きぼうにみちた

ワクワク

落ち着かない

幸せ

ふきげん

イライラ

こわい

リラックス

1つか2つか、
もしかしたら20こぐらい
見つかるかもしれない

おそれて

つかれた

元気

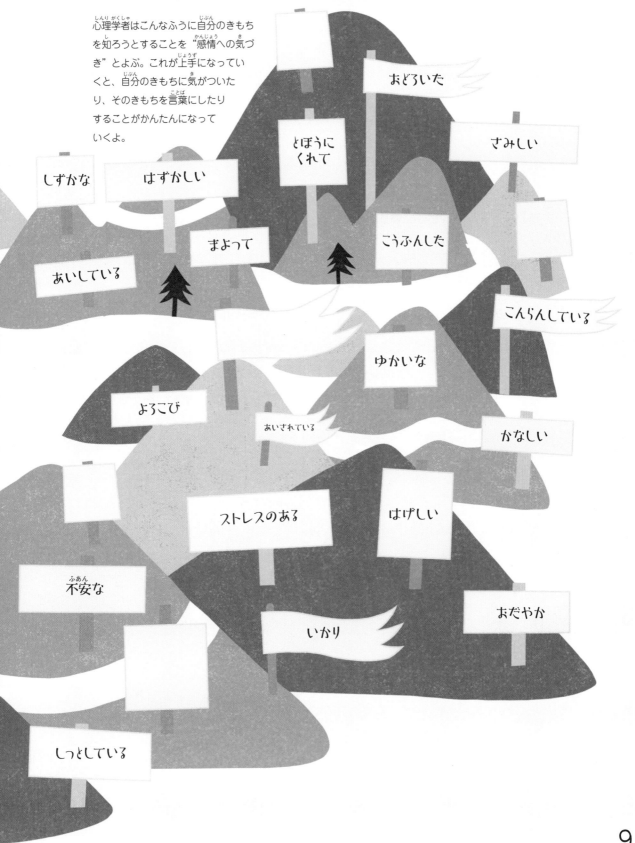

心理学者はこんなふうに自分のきもち
を知ろうとすることを"感情への気づ
き"とよぶ。これが上手になってい
くと、自分のきもちに気がついた
り、そのきもちを言葉にしたり
することがかんたんになって
いくよ。

おどろいた

とぼうに
くれて

さみしい

しずかな

はずかしい

まよって

こうふんした

あいしている

こんらんしている

ゆかいな

よろこび

あいされている

かなしい

ストレスのある

はげしい

不安な

おだやか

いかり

しっとしている

やすらぎの
えんぴつ

心理学者は、なやんだり不安になったりしている人に"マインドフルネス"という方法をすすめることがある。

マインドフルネスとは「今」、「ここ」にあるどんな小さなことにもきもちを向けること。

このもように色をぬりながら、たった今、感じること、聞こえること、におい、それだけを考える。

ゆっくりとていねいに。そうやって、色をぬるという体験につつまれてみよう。

ペンやえんぴつが紙の上をこする音を聞いてみて

かわききらないインクの
キラキラしたかがやきや、紙の上を
えんぴつが行ったり来たり
するときに感じる紙のザラザラを
かんさつしてみて。

この本のページのにおいをかいてみよう

えんぴつの先に、
ボールペンの先に
ふれてみよう

えんぴつの木のかおりを、
ペンのインクのにおいを
かいでみよう

ページのはだざわりを指で感じてみて。
それはあったかい？
それとも　冷たい？

なやみの箱をつくろう

なやみを書き出してみるのは、頭の中からなやみを取りのぞくのに役に立つ。
今なやんでいることを、取りのぞくのに"なやみの箱"を作ってみよう。その箱を
生き物みたいに作って、そいつがなやみを食べつくすところを想像してみて。

じゅんびするもの：

空っぽのふうとう、空きびん、ティッシュの箱

カラーペン、かざりのざいりょう、のり

中にものが入れられるものであれば、何からでも作れます

目をかく。ほかに何を
かいても OK。

開いているところは口だよ。

では、かざりつけをしよう。
ここにいくつかの見本をのせたけど、
自分でえらんだもの、何を使ってもいいよ。

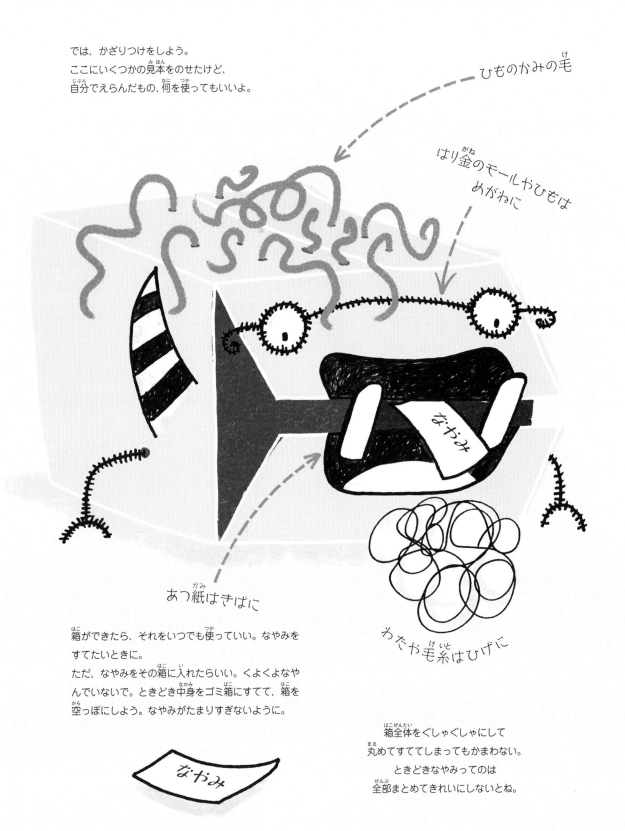

ひものかみの毛

はり金のモールやひもは
めがねに

あつ紙はきばに

箱ができたら、それをいつでも使っていい。なやみを
すてたいときに。
ただ、なやみをその箱に入れたらいい。くよくよやん
でいないで。ときどき中身をゴミ箱にすてて、箱を
空っぽにしよう。なやみがたまりすぎないように。

わたや毛糸はひげに

なやみ

箱全体をぐしゃぐしゃにして
丸めてすててしまってもかまわない。
ときどきなやみってのは
全部まとめてきれいにしないとね。

13

もし、〇〇したら

もし、おくれたらどうしよう

もし、うまくいかなかったらどうしよう

もし、できなかったらどうしよう

わたしたちの心配は、"もし〇〇したら"で始まるのが多い

これはすごく当たり前。ぼくたちの脳は、
いつも、いちばん悪いことを考えてしまうくせがあるんだ。
起きると考えられるなかで最悪のことを。
たいていのなやみは実際にはとてもかんたんに解決できる。
でも一度なやみ始めたら、どんどんどんどん心配になっていく。
そして、正しいまともな解決方法がわからなくなってしまう。

もしテストにえんぴつを忘れていったらどうしよう

何とかなるよ

だれかによぶんに持っているえんぴつをかりるとか。
友達や先生にたのめるし、教室のえんぴつだって借りられる。

14

もうすこしやっかいな "もし〇〇したら" という心配もあるよね。
きもちがゆさぶられるようなのが。でもだからって、答えがないわけじゃない。

もし友達とけんかしてしまったらどうしよう

何とかなるよ

ちゃんと話し合ってみる、
ひつようだったらあやまったらいい、
そうやっていっしょに考える。
けんかはえい遠に続くもんじゃないよ。

新しい友達を作ったらいい。
人はだれでも時間がたつと変わるし、
友情だって変わる。

どんななやみに対しても役に立つってわけではないけれど、
すじ道の通ったシンプルな答えを考えることは、落ち着くのにとても役に立つ。
やってみて、どうなるか見てみよう。
次のページには「もし〇〇したらどうしよう」から、
キミを助ける方法がのっているよ。

キミのなやみを、キミとはべつ人のキャラクターだと考えるのもすごくいい方法だ。
心理学者はこのなやみ解決方法を「外在化（外から見てわかるかたちにするやり方）」
とよんでいるよ。
下の空いているところに "もし〇〇したらモンスター" を作ってみよう。
なやみごとが頭にうかんできたときにはいつでも、そのモンスターを思いうかべよう。
そして、そいつに「出て行け！」と言ってみよう。もしくは、小さくしてしまおう。
だんだん見えなくなって、消えてしまうよ。

キミの "もし〇〇したらモンスター" は、
もしかしたらへんてこだったり、
おバカに見えるかもしれない。
それはホントに役に立つ。
キミのなやみは、
ただの考えなんだということ、
それを覚えておくことは大切。
やっつけることも、笑いとばすことも
できるんだ。

"アンチ・もし〇〇したらモンスター"を作ることも役に立つよ。
かしこくて、筋が通っていて、正しいキャラクター。それはキミがかんたんな解決
方法を考えるのを助けてくれるんだ。ここに、キミのを作ってみよう。

それは、

まほう使いか、　　　天使か、　　　知恵者フクロウ
かもしれない。

もし〇〇したらモンスターや、お助けまほう使いの絵をかくなんて、
ばかげてるよなぁ、なんて感じるかもしれない。
でも、なやみごとを「外に出す」ことはとても役に立つと、
心理学者は考えているよ。
もし、絵をかきたくなかったら、言葉で書いてもいい。かんたんな形でも。

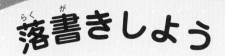

落書きしよう

なやんだときに、さけんだり、ないたり、
おこったりするよりも、
落書きをしてなやみを追っぱらってしまおう。
なやみがおさまって、気分が落ち着くまで、ここに、
走り書き、落書き、なぐり書きをしてみよう。

きみがなやんでいるときはいつでも、
リサイクルボックスから紙を取り出して、
ぐちゃぐちゃなやみを書き出して、
またゴミ箱にポイっと捨てればいいんだ。

なやまん島

キミだけの "なやまん島" をデザインしよう。
そこは行きたい、と思ったらいつでも、
キミが想像して訪れることができるところだ。
とくに、心配でねむれないようなときには、ね。

お天気は
どんなふうにする？

小屋をつくる？
ツリーハウスにする？
テントにする？

ほかにだれがいる？
それともキミが
ひとりじめかな。

何を食べようか。
木になっているくだもの？
海でとれた魚？
カフェでアイスを食べ放題？

リアルっぽくなくても、
ぜんぜんかまわないんだよ。
これは「キミだけの」なやまん島なんだから。
キミがほしいものはどんなのでもオーケーだ。
そこにないのはなやみごとだけ。

リラックスするためにキミのなやまん島を使えば使うほど、島はパワーアップしていくよ。
科学の言葉ではこれを「条件付け」と呼んでいる。
島のことを想像するたびに、キミはキミ自身の体をリラックスさせるトレーニングをしているんだ。
なので、1回きりじゃなくて、何回も何回も島に来て。
そして好きなときにいつでもバージョンアップしてみて。

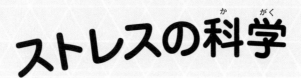

ストレスの科学

なやむと体にたくさんのへんかが起きる。
ストレスを受けると、体はホルモンと呼ばれる化学物質を出す。
いちばん有名ななやみホルモンはアドレナリン。
アドレナリンが出ると、体は "たたかうか、にげるか反応
（ファイト・フライト反応）" と科学者がよんでいるじょうたいになる。

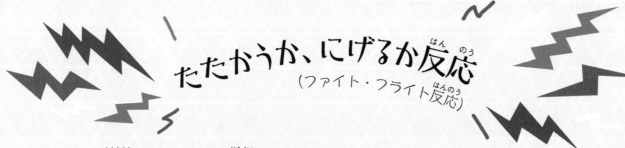

たたかうか、にげるか反応
（ファイト・フライト反応）

大昔のこと。きけんな動物と、たたかうか、にげるか。
アドレナリンは、人間の体にじゅんびをさせるためのものだった。

心臓がドキドキする。
そうやって血えきが全身に行きわたり、
筋肉が動くためにひつようなものがとどく。

息がハアハアとあらくなる。
そうすることで、さんそがよりたくさん血えきに取り込まれる。
それは走ったり、たたかったりするときのねんりょう。

ぱっちりと目がさめる。
きんちょうしてびんかんになる。
びんしょうに反のうできるように。

２〜３分か、時には何時間かして、アドレナリンはどこかへ消えてしまう。
ホルモンのこさは、もとにもどる。またいつもの気分にもどる。

そして、こきゅうは……

なやみが自分の体にどんなえいきょうがあるかがわかったら、
自分の気分を楽にするのも、もっとかんたんになる。
アドレナリンのせいで、はやくこきゅうをしたくなる。
そのせいで、もっとストレスは大きくなる。
走っていて息が切れてきたときのように。

かたはばに足を広げて両足をゆかにつける。
これはグラウンディングと言われている。
こうするとすぐにきもちがぐっと落ち着くんだ。

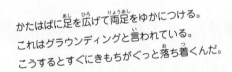

3秒間、鼻から息をすいこむ。
むねいっぱいに。
そして、3秒間で、
それを口からはき出そう。

こきゅうが安定し、
心臓がゆっくりになり、
リラックスを感じるまで、
これを続けよう。

わらおう！

わらうときに筋肉が動いたり力が入ったりすると、
エンドルフィンという化学物質が脳の中で出るのを
科学者たちは発見したんだ。
エンドルフィンが出ると、人は幸せな気分になりリラックスする。
そして体のストレスホルモンをへらす。

なので、わっはっは！　えっへっへ！　うっふっふ！　クスクス、いっ
ひっひ……と、笑ってみよう。するとなやみがどっかにいっちゃうよ。

この四角の中に、何かおもしろいことを書いてみて。
絵でもいいよ。

バカバカしい言葉

動物がしたこと
人間がしたこと
何でも

さいごにおなかがいたくなるくらいに
わらったときのことを思い出して。
それはどんなことだった？

ここにキミの好きなジョークをかいてみて。
キミが作ったのでもいいよ。

キミのきもちを
落書きしてみよう

キミのなやみを解決するために書いたり、
話したりしなくてもいいんだ。
気分にまかせててきとうに書いたらいいから。
そうしたら自分のきもちがどんなふうか、見えてくるよ。
さあ、何本か色えんぴつを持って、かいてかいて。

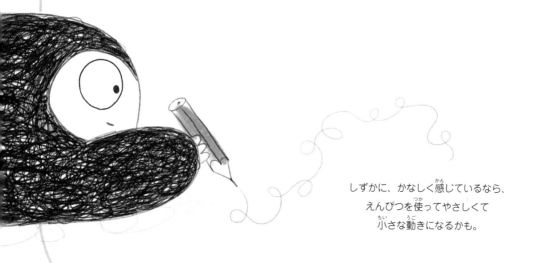

しずかに、かなしく感じているなら、
えんぴつを使ってやさしくて
小さな動きになるかも。

もし、おこっているのなら、強くかくかもしれないね。
不安なきもちでいるときは、
ぐちゃぐちゃとかくかもしれない。

色は気分とかんけいがあると
昔から言われているんだ。

赤　いかり、ちょうせん

オレンジ　もえるような、あたたかい、
こうふんした

黄　しあわせ、元気、らっかんてき

緑　やきもち、はずかしい、
へいわな

青　落ち着いた、かなしい、
しりょぶかい

むらさき　力強い、まほうの、自信のある

黒　ふきげんな、おびえた、
しんぴてきな

はい色　かなしい、気むずかしい、
しずかな

ここにあるアイデアを使ってもいいし、
自分のオリジナルを作ってもいい。

ひとつの気分にひとつの色を
使ってもいい。
ごちゃごちゃした気分をあらわすのに
いろいろな色を使ってもいい。

びりびりに
やぶってしまえ！

紙を何まいか用意して。
それをできるだけたくさんの小さな紙きれになるようやぶる。
それをぜんぶこのページにはって、紙きれのふぶきをつくってみよう。

ページがいっぱいになったら、
紙きれをかぞえてみよう。
何まいあるかな？

脳は一度に1つより多くのことを
するのが苦手なんだ。
なので、紙ふぶきづくりに集中すると、
なやんでいることに集中できなくなってしまうんだ。

自分をほめる

自分のまわりで起きていることではなく、
自分自身にかかわることでなやむときがあるよね。
「自分にそれができるかな？」
「自分で何とかなるのかな？」
「しっぱいした気がする」

自分の脳が悪いことを言ってくるよりも、
もっと大きな声でいいことを自分に言うんだ。
そうすると、そんななやみに勝てるよ。
心理学者はこの方法を
"ポジティブ・セルフトーク（いいことを自分に言う方法）"とよんでいる。
自分のいいところや、うまくできていることを書いて、このページをうめつくそう。

キミがとくいなことは、

うまくいっていること、
レベルアップしている
ことは、

自分自身の
好きなところは、

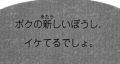

ボクの新しいぼうし、
イケてるでしょ。

書くのがむずかしかったら、
キミの友達は、キミは何が得意だと言っている？
キミのどこが好き？
それを考えてみて。
書いたことの、どれもなんかイマイチだなぁ、
なんて思うかもしれない。
でも自分をほめることはなやみをへらせる。
自分に自信がなくなってきたら、自信を取りもどすために
いつでもこのページにもどってこよう。

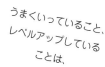

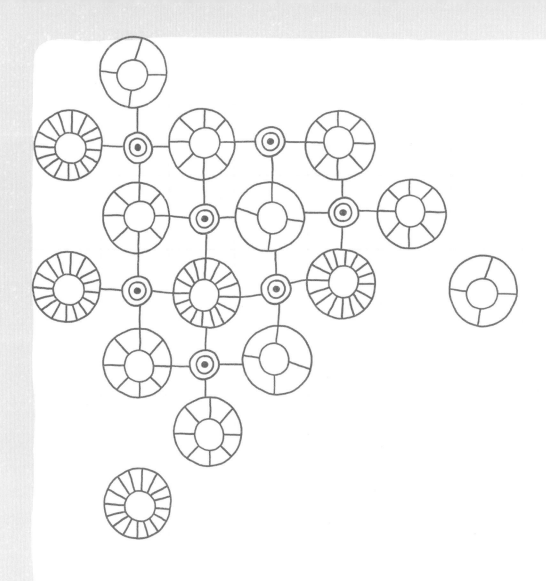

何かに気をまぎらせていると、
ずっとなやんでいたことが、いつのまにかぜんぜん
気にならなくなっていることに気づくよね。

かたち

もっとおだやかで集中できる気晴らしはどう？
ここにあるかたちがページいっぱいになるように
つなげていこう。
かいているかたちに集中しながら。
色をぬるのもいいかも。

動け、動け！

体を動かすとエンドルフィンという化学物質が脳の中に出るよ。
エンドルフィンは気分をよくする化学物質。やる気を高めてくれる。
家の中でも外でも、すぐかんたんにできるやり方をいくつかしょうかいするよ。
わかりやすくて、ちょっとバカバカしいかもしれないけど、まあ心配しないで、
ちょっとやってみて。

ダンス

音楽をかけて、
ちょっとの間おどってみよう。

体を
大きく、いい感じのやり方で、ワイルドに、
小さく、
きみの好きなようにふりつけてみよう。
さあ、動いて！

ジャンプ

両手と両足を大きく
広げて星のように
ジャンプ！

片足でぴょんぴょん
とびはねて

高く
ジャンプ！

ながーくジャンプ

ステップ

階段を見つけて、上がったり下がったり、
息が切れるまで何回かくり返そう。

上がって、　上がって、
上がって、

下がって、

ふーっ！

下がって、

"体を元気に動かすことは、
心をけんこうにすること"を
科学者は証明してきたよ。
自己こうてい感（自分は今のままでいいんだ、
というきもち）も高められ、
たっせいかん（がんばった、というきもち）や、
気晴らしになる。

どんどん動く＝なやみがなくなる
さあ、はじめよう！

何とかできる心配ごと

何とかできる心配ごとや、すぐに解決できる問題もあるけれど、
自分ではどうにもできない心配ごともたくさんあるよね。
心配のちがいを知ることはとても大切だ。
心配していることについて考えてみよう。
自分でどうにかできる心配ごとを左のページに書いてみよう。
そして、どうにもできない心配ごとは右のページに書いてみよう。

キミが何とかできること

キミができること

36

どうしようもないこと

ニュースで
きいたこと

お天気

こちらのページに書いたことは、まだとてもなやましいよね。
でも、自分ではどうにもできないってことは、
それをいつまで考えても時間のムダってことなんだ。
こういうふうに心配することをあきらめるというのは、
心配をへらす方法のなかでも最強のやり方のひとつだよ。

めいろ

めいろをぬけてゴールをめざそう！
道からえんぴつの線がはみ出さないように注意して。
めいろってこんがらがったなやみみたいだね。
通りぬけよう。

スタート

ゴール

おもしろいめちゃくちゃ歌

わらえるようなおもしろい詩を、
知恵をしぼって作ってみよう。

この歌は、
1行め2行め
5行目の最後の文字を
同じにして、
3行目と4行目の
最後の言葉を同じにした、
ダジャレ歌だよ。

1 うちのじいちゃん　おっちょこちょい
2 入れ歯をいすにおいたよ　ぽい
3 そのまま　どっかに行っちゃった
4 もどって　いすにすわっちゃった
5 いればにおしりをかまれたぞい

最後の音を
合わせると、
リズムが出て
おもしろいよ

ダジャレ歌は、
意味のない
おもしろい歌なんだ！

下のイラストを見て、何か考えてみよう。

ブリキでできたロボット

40

タコ星人

アイススケートするペンギン

何でも好きなこと、
おもしろいもの、
へんな言葉をならべて！

おだやか

"おだやか"。たった4文字の小さな言葉。
でもとっても大きくて、すばらしい感覚だね。

ここに、「おだやか」と小さく小さく書いてみよう

つぎは、**大**きく
大きく 書いてみよう

クネクネ、じゆうに書いてみよう

上下さかさまに書いてみよう

うしろから書いてみよう

できるかぎりうすーく書いてみよう

いつも使わないほうの
手で書いてみよう

太く大きな
ふくろ
文字で書いてみよう

落ち着く色で、文字をぬりつぶしてみよう

43

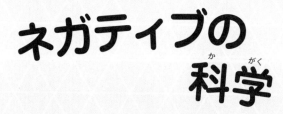

ネガティブの
科学

こまったことに、人間は、いいことよりも、
よくないことに気がつきやすくて、注意が向きやすいんだ。
大昔は、きけんなこと、病気や悪い天気のようなよくないことは、
生きのこるために大きくかかわっていたんだ。

だから、よくないことをみつけて、
それを考えることはとても大切だったんだ。
今も、ボクたちの脳は昔とかわっていないんだ。

科学者はこの脳のくせをこうよんでいるよ。

ネガテイブ・バイアス
(悪く考えるくせ)

悪いことが起こると、よいことが起きたときよりも、
たくさん電気を発生して、
脳はアラームを鳴らす。

つまり、脳の回路はもとから悪いことに
よく反応するように作られているってことなんだ。
だから人はみんなよく心配するんだね。

ポジティブに

よいニュースもある。
ポジティブなことを一生懸命考えることで、
脳が悪く考えるくせ（ネガティブ・バイアス）を、
すこしは何とかできるんだ。

たとえば、

"すっごく楽しみにしていること"
を考えて、書き出してみよう。

旅行かもしれないし、ランチのことかも
しれない。ひょっとしたらテレビ番組だったり、
友達に会うことかも。なんでもいいから、
ワクワクすることを考えてみよう。

むかし、むかし……

どこかまったく違うところにきキミの心をもっていくことで、

なやみをわすれられるか試してみよう。

これはしばしば"現実とうひ（現実から逃げること）"と言われているよ。

問題の解決にはならないけれど、

しばらくの間キミを気分良くしてくれるんだ。

このストーリーをきっかけにして、話をつづけてみて。

きみを物語の中、はるか遠くの国にキミを登場させて。

カサカサというきぬずれの音がして、
ドアの向こうからささやき声が聞こえてきた。
ゆっくり、ちゅういぶかく、ドアを開けて、

息をのんだ……

ドアの向こうはどこにつづいているかな？

ドラゴンのすみか

切り開かれた森

はいきょ（うちすてられたたてもの）

ひみつの花園

うちゅう船

けんきゅう室

46

きもちのますめ

下に書かれているきもちのそれぞれのますめに、
色をえらんでぬってみて。右のページのますめのわくの中に、
キミのきもちのままに、このページのますめの中の色をぬってみよう。
1日に1回、このページにきて、右ページの箱に1個ずつ色をぬっていこう。
こうやって自分の中のきもちを見つけてみよう。
これも自分のきもちを味わうやり方のひとつだよ。

27ページの感情を表す色がさんこうになるかも。
それか、キミがぴったりだと思う感情をあらわす色をえらんでみて。

しあわせ　かなしい　しんぱい　つかれた　ワクワクする　わからない（モヤモヤする）

もし、これらのいくつかがキミの感情にぴったり来なかったら、×をつけて、
新しいきもちを書き出して。たとえば、"かなしい"を"こんらんしている"とか
"きげんがわるい"とかにかえるように。

50

たぶんキミは１つより多くのきもちを感じるだろうけれど、
ますめには、その日いちばん感じたきもちをぬろう。

もしも"わからない"が多くなってしまうようなら、
８〜９ページのきもちの地図を見てみよう。
キミの感じにぴったりの言葉が見つかるかもしれないよ。

線をつれて
さんぽにいこう

気になっているなやみからしばらくはなれてみよう。
下の線をなぞってみて。
そして、そのまま続けてページ全体に。
えんぴつの先が紙からはなれないように気をつけて。

とくべつな何かをかくこともできるし、
えんぴつの進むとおりに、ぐじゃぐじゃに、
ぐるぐると、かいてもいいよ。

もしも、パニックに おそわれたら……

心配ごとがつみ重なって、パニックになることがあるかもしれない。

心臓はドキドキして、息ができなくなってぶるぶるふるえる。

むねが重くるしくなるんだ。

もしそんなふうになったら、これを試してみてよ。マインドフルネスの5感。

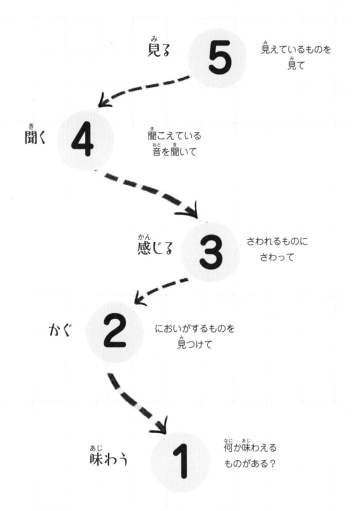

見る **5** 見えているものを 見て

聞く **4** 聞こえている 音を聞いて

感じる **3** さわれるものに さわって

かぐ **2** においがするものを 見つけて

味わう **1** 何か味わえる ものがある?

どこにいてもいいから、どんな感^{かん}じになるか、今^{いま}、やってみよう。
マインドフルネスの5感^{かん}を見^みつけるために集中^{しゅうちゅう}して。ここに書^かき出^だしてみて。

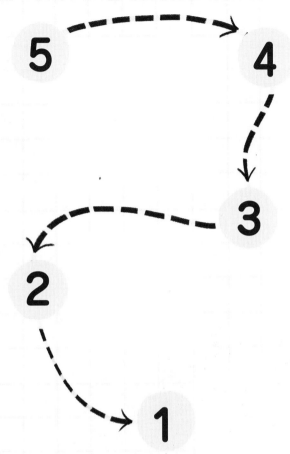

ほんとうにパニックになったとき、これを思^{おも}い出^だすととても役^{やく}に立^たつよ。
落^おち着^つけるし、不安^{ふあん}がへる。
感^{かん}じられるものが見^みつかるころには、
何^{なに}を心配^{しんぱい}していたのかわすれているかもしれない。

おぼえて
おこう！　5 見^みる　4 聞^きく　3 感^{かん}じる　2 かぐ　1 味^{あじ}わう

５日間日記

毎日起こったできごとを書き出してみよう。どう感じたかも書いてみよう。
そうすると、自分がどんなことでなやみやすいのかわかってくるよ。
そして、キミの"感情へのきづき"（自分がどう感じているのかわかること）
も進化するんだ。

今日から５日間、次からのページの白いわくの中をうめていこう。
もし、そうしたほうがやりやすければ、また、おもしろいと思ったら、
べつのノートに日記をつけてみるのもいいかも。

1日目

ここにはどんな気分か
フェイスマーク😊😑😠をかいても、
1から10で気分を
あらわしてもいいよ。

日づけ

ようび

天気

ぜんたいの感じ

今日起こったこと

よかったこと

イマイチだったこと

心の中にあるなやみをなんでも

2日目

ひ
日づけ

てんき
天気

かん
ぜんたいの感じ

ようび

きょう お
今日起こったこと

よかったこと

イマイチだったこと

こころ なか
心の中にあるなやみをなんでも

3日目

日づけ

ようび

天気

ぜんたいの感じ

今日起こったこと

よかったこと

イマイチだったこと

心の中にあるなやみをなんでも

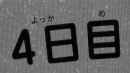

4日目

日づけ

ようび

天気

ぜんたいの感じ

今日起こったこと

よかったこと

イマイチだったこと

心の中にあるなやみをなんでも

5日目
いつか め

日づけ
ひ

ようび

天気
てんき

ぜんたいの感じ
かん

今日起こったこと
きょう お

よかったこと

イマイチだったこと

心の中にあるなやみをなんでも
こころ なか

だいじなことは何？

目標やゴールに集中するのではなく、自分が大切だと考えていることに集中するほうが
心配ごとが少ないと心理学者は言っている。
大切だと思うことについては、しっぱいするとかまちがえるということはあまりないし、
自分にとって何が大事かを考えることは、
何かをけつだんしたり自分をりかいしたりすることに役立つんだ。

ここに価値のリストがある
キミにとっていちばん大切なものはどれかな

しんせつ
だれにでも手をさしのべて
思いやりがある

力
ほかの人に
えいきょうを
あたえ、
面倒をみる

協力する
人と協力して仕事をする、
人をまとめる

自立している
自分で自分の道を
見つけることができる

ユーモアがある
おもしろいことを見つける、
人をわらわせる

正直
正直で、だれに対しても
心を開く

ぼうけん
たんけんしたり、
たんさくしたり、
新しいことを経験する

しんらい
まじめで、
たよりがいがある

公正
公正で、良いことと
悪いことに気づく

平等
だれにでも公平に接する

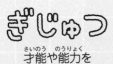

ぎじゅつ
才能や能力を
伸ばす

ゆうき
ゆうかんで、立ち向かって
くるものとたたかい、
進みつづける。

深い心
生きる上で、たいせつなことを
いつも心の中に持っている。

そうぞう性
発明したり、デザインしたり、
つくったり

一生懸命
ひたむきに自分から
進んでがんばる。

ちょうせんする心
新しい、むずかしいことにも
チャレンジする

興味
発見し、ぎもんを投げかけ、
たんけんし、学ぶ

キミがいちばん大事に思っていることがこのページになければ、ここに書いてみよう。

これらの価値のうち、キミにとっていちばん大切だと思うものを
6つ選んで、ここに書き出してみよう。

1. ＿＿＿＿＿＿＿＿＿　　4. ＿＿＿＿＿＿＿＿＿

2. ＿＿＿＿＿＿＿＿＿　　5. ＿＿＿＿＿＿＿＿＿

3. ＿＿＿＿＿＿＿＿＿　　6. ＿＿＿＿＿＿＿＿＿

おそれの科学

何も理由がなくても不安になることがあるよね。

おそれというこのやっかいなきもちは、
脳の中の
扁桃体
と言われるところから
やってくるんだ。

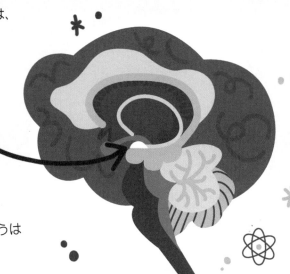

扁桃体の反応は自動的なんだ。
これはキミにはどうすることもできない。
だから、心配したりこわがったりするひつようは
ないってわかっているときでも、
キミの体は勝手に反応してしまうんだ。

脳の中の合理的で、
自分で考えて決めるところよりも、
扁桃体はずっと早く反応する。
だから、キミが自分に心配ないって
言い聞かせるよりも先に、
こわいと感じてしまうんだ。

リラーーーーーックス

でも、リラックスする時間をつくることで、
キミはおそれの感情に打ち勝つことができるんだ。
リラックスすると、扁桃体の自動的な反応で
作り出されたきんちょうは消えていくよ。

心理学者は
"だんだん筋肉リラックス法"
というやり方をすすめているんだ。

それは、一つひとつの筋肉を緊張させて、
リラックスさせていく
おもしろい方法なんだ。

1

まず、つま先から
何秒間か、
つま先を下に
ぎゅーっと曲げて。
そして、
リラックス。

2

次に、
足の筋肉に
力を入れて、
そして、
リラックス。

3

おしりやおなかの
筋肉をぎゅっと
ひきしめる。
一つひとつ順番に。
体から顔まで。
そして、リラックス。

ゆっくりと
こきゅうしながらやると、
もっと落ち着けるよ。

ピシャッ！

いたずら書(が)きやお絵(え)かきにひたりましょう。
ここにあるえのぐのてんてんを、
何(なに)かほかのものにかえてみよう。
生(い)きもの、うちゅう人(じん)、ぼうし、車(くるま)や花(はな)なんかに。

ストレッチと
こきゅう

この流れるようなヨガのポーズをやってみよう。
やっている間は息を止めないで、深く吸って、そしてはいて。
ちからをぬいて、リラックスしてこきゅうに集中しよう。
自分の体のうごきや、手や足がふれているものを感じながら。

それって　マインドフルってことだよ。

そうしているうちに、いろんななやみはどこかに行ってしまうよ。
これは "太陽にあいさつ（太陽礼拝）" と言われるポーズの流れだよ。

ポーズは、つねにここ
から始まって、ここで
終わります。

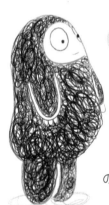

1

せすじを
のばして立つ

2

息を吸って、
うでを頭の上
に上げます

11

息を吸って、せをのばして
立ち上がり、両手を
頭の上に上げます。

10

息を吐いて、右足を前に
出して立ちます。
むねはひざに
つけたままです。

9

息を吸って、
左足を前に出します。

3
息をはいて、体を前に
たおします（前くつ）

4
息を吸って、
右足を後ろに左足を体の
前に出します。
両手は床について。
息をはきます。

5
息を吸って、左足を
後ろに出します。
両足を後ろにまっすぐ
のばします。

6
息をはいて。ひじを曲げて、
あしやむねがゆかにつくまで
体をゆっくりと下げていきます。

7
息を吸って、むねを
ゆかから上げます。

8
息をはいて、おしりを天井に向けて
さかさまのＶの字になるよう
持ち上げます。

やればやるほど、かんたんにできるようになるよ。

お話づくり

もっとそうぞう的な気晴らしというか頭のストレッチをやってみよう。
ここにある"ストーリーボード"を使ってお話をつくろう。
絵をかいてもいいし、文を書いてもいい。
絵と文を組み合わせてまんがにしてもいいんだよ。

本当は二重スパイかもしれない、なぞだらけのスパイ

無実のつみでとらわれの身になっているだれか

ちんぼつした船からのただ一人の生きのこり

エイリアンを発見したのに、だれにもそのことを言えない科学者

ストーリー・ボード

ほかの人の立場になってみることは、
自分のきもちをりかいするのに役に立つよ。

点をつなぐ

点をつないでいくと、かくされているもようが出てくるよ。
1の点からはじめて、ひとつずつ順番に、全部がつながるまで。
数字ともように集中しよう。今やっていることのほかは何もかもわすれて。

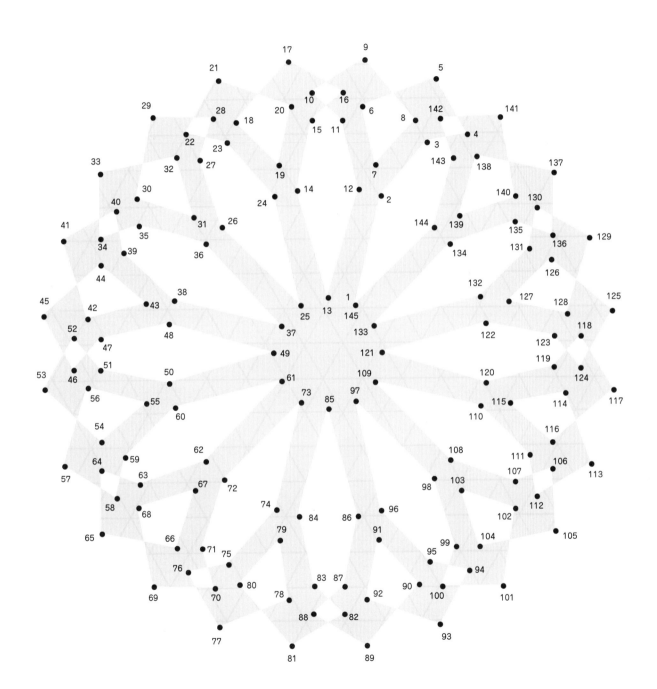

73

こころのつながり　　　　　　　　　　　　　宇宙

いい感じの言葉

キミが本当に好きな言葉だけで、このページをいっぱいにしてみよう。
それらは、キミをえがおにしてくれる言葉や、
口にするとうれしくなる言葉だよ。

とてつもなく
大きな　　　　　　　　　　　　　　　がっき

74

もり上がる

かみなり

フォーク

ピクルス

ソフトクリーム

ぐうぜんの大発見

キミの心の中

今日キミの頭の中にうかんだこと、何でもいいからあらすじを書いてみよう。
なやんだこと、アイデア、発見、きぼう、夢、むちゅうになったこと、計画……、
キミの頭にうかぶこと、何でもいいんだ。

絵をかいても、走り書きやいたずら書きのようなもの、文字にしたものでもいいよ。

こちらには、またちがう日のことを書こう。

頭の中にあることを取り出して、紙に書くと、
考えが整理されてすっきりするよ

脳のパズル

このページのすべてのパズルをやってみよう。
キミの脳をなやみなんかじゃなく、ここにあるパズルに集中させて。

この暗号をといて、かくされたメッセージを見つけだそう。

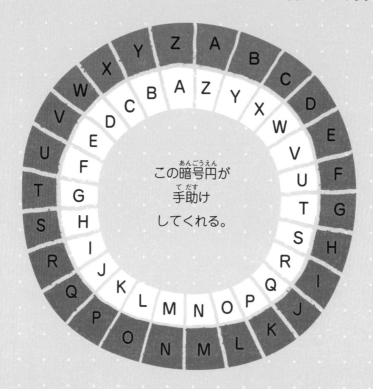

この暗号円が
手助け
してくれる。

VEVIBGSRMT   RH

‒ ‒ ‒ ‒ ‒ ‒ ‒ ‒ ‒ ‒   ‒ ‒

TLRMT   GL   YV   LP

‒ ‒ ‒ ‒ ‒   ‒ ‒   ‒ ‒   ‒ ‒

これらのしあわせ言葉をさがせ！

おだやか
かいぼう
リラックス
しんぱいない
マインドフル
こきゅう
わらい
きゅうそく

これらの言葉は、ななめ、左右、上下、後ろからも並んでいるよ。

言葉さがし

```
ご じ ま れ い ざ つ し は く
ち ら い く ら か や だ お そ
み め ん ず る い れ な わ う
ぱ の ど て う ほ な れ を ゆ
ろ ぽ ふ ぬ ら う き や ら き
に せ る ゆ れ り ら つ く す
う で ぬ や か べ よ ぢ め れ
ゆ ね わ た い ら わ み ぶ に
き ち さ ぺ に な い ぱ ん し
こ あ ぬ だ   ま む れ や み
```

リラックスという文字を使っていくつの言葉をつくれるかな？

リ： りんご

ラ： ライオン

ッ： つみき

ク：

ス：

"リラックス"の言葉にある文字を使って、いくつの言葉が思いつくかな？思いついた言葉のなかで一番長いのは何だったかな？

小さく分ける

心配ごとって、それをだれかに口でせつめいするよりも、
書いてみるほうがかんたんなことが多いんだよ。
ここにあるふせんにキミの心配ごとを短い言葉で書いてみて。
そうすると、こんがらがって長い言葉で考えているよりも整理しやすくなるよ。

※指導者・保護者へ：
学校や家庭では、実際のふせんに書いてもらい、
白い紙に貼りつけるとよいでしょう。

落書き

えん筆やペンでてきとうに落書きして。
それがかけたら、その落書きを何かほかのものにかきかえてみて。
たとえばこの生き物みたいに。

捨てる広告の裏やリサイクルペーパーなどを
使って、落書きやいたずら書きを
たくさんしよう。

おりがみ・しゅりけん

心配ごとがあると、体の中にアドレナリンがたまってくる。

すると、そわそわしたりするようになる。

そういうときに手を動かしてちまちましたことをしてみると、

アドレナリンはだんだん消えていってリラックスできるんだ。

下の作り方にしたがって、おりがみのしゅりけんをつくってあそぼう。

じゅんびするもの

正方形のおりがみ1枚

はさみ

えんぴつかペン

1 おりがみを半分に切ります。
それを縦に2つにおります。

2 それぞれを図のように
半分になるようおり目を
つけて、またもどします。

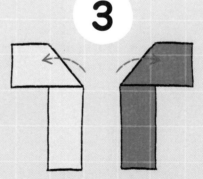

3 図のようにおり目から上半分の
ところに重なるよう、右は右側
にたおし、左は左にたおします。

4

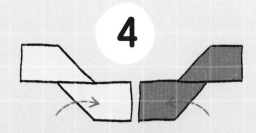

下半分は、ぎゃくの方向にたおします。

5

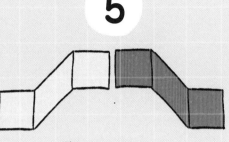

開くとこのように
なっています。

6

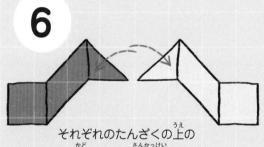

それぞれのたんざくの上の
角をおって三角形を
つくります。

7

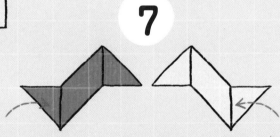

同じように、
下の角も三角形にします。

8

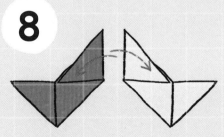

三角形を内がわにおりたたみます。

下の三角形も
同じように
おりたたみます。

85

9

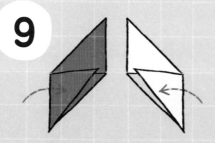

下の三角を内がわにおりこみます。
するとひし形ができます。
そうして、今おりこんだ下の三角を
開きます。おり目をつけました。

10

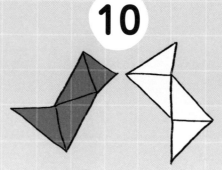

右がわのをひっくりかえします。

11

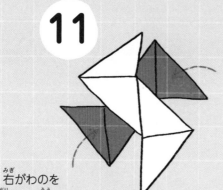

右がわのを
左がわの上に、
こんなふうにのせます。

12

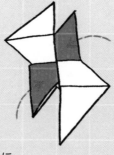

左の角を左のポケットに
さしこみます。
右の角も同じように
右のポケットにさしこみます。

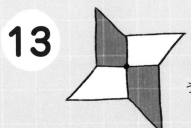

13

うら返して同じようにおりこみます。
しゅりけんの形になるように
角をおりこんで整えます。

真ん中をペンかえんぴつで
突き刺し穴をあけると、
星形のコマになります。

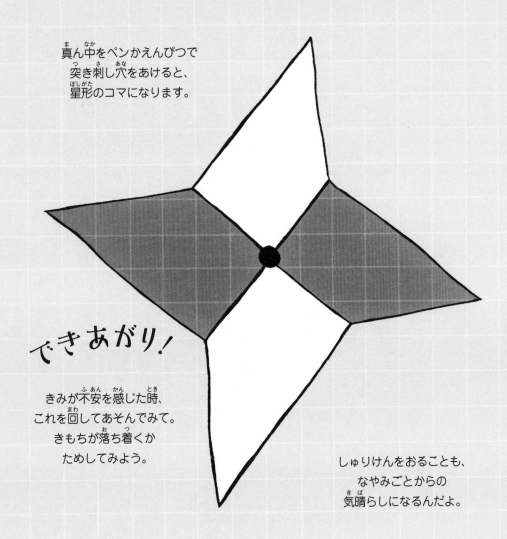

できあがり！

きみが不安を感じた時、
これを回してあそんでみて。
きもちが落ち着くか
ためしてみよう。

しゅりけんをおることも、
なやみごとからの
気晴らしになるんだよ。

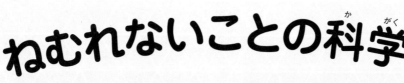

ねむれないことの科学

ねむろうとしているとき、
よく心配ごとがやってくるよね。
それについてなやみだすと止めるのってむずかしいし、
時には、それがこわい夢に
なることもあったりして。

なぜ、どうして、夢を見るんだろう。

科学者もまだちゃんとつきとめていないんだ。
でも、こわい夢を見るのは、キミが心配して
いることを脳が解決しようとしているから
じゃないかと考えられている。

ねむっている間に、
脳はこんがらがった考えや心配ごと
を整理して作りなおそうとする。
そしてそれがこわい夢になることも
あるんだ。

ねむるためのコツ

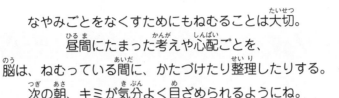

なやみごとをなくすためにもねむることは大切。
昼間にたまった考えや心配ごとを、
脳は、ねむっている間に、かたづけたり整理したりする。
次の朝、キミが気分よく目ざめられるようにね。

おだやかで安心してねむれるためのコツを紹介するよ。

スクリーンを見ない

テレビやスマホ、コンピューターやタブレットは
ねる前に見ないように。
スクリーンの光は脳をしげきする。
ウェブサイトやメッセージ、
SNSは心配ごとを大きくすることもある。

なやみを追い出す

ねむろうとしても、何かとくべつな心配ごとが
うかんでくるときは、それを紙に書き出そう。
そうして朝までそのままにしておいたらいい。
もしかしたらすっかりわすれちゃうかも。

くつろぐ

横になる前に、リラックスしよう。
あったかいお風呂やシャワー、ミルク入りの飲み物は、
体を落ち着かせて、
ねむりにつくじゅんびをととのえてくれるよ。
気分が落ち着くラベンダーのかおりをかいでみるのも
いいかも。

ページをめくれば、
夜、心配になることを
書き出すための
シートがあるよ。

夜の心配ごと

ねむろうとしているときに、
頭にうかんでくる心配ごとを
空にうかぶ雲にメモしよう。
考えるのをやめるために、
頭からとりだして、紙に書こう。
そしてぐっすりねむろう。

心配ごとをたなあげ

頭のなかに心配ごとがあるなら、それを取り出して、
想像上のたなにのせてしまうといいよ。

そのたなは、キミがほかのことにとりくんでいる間、
心配ごとを置いておくところだ。

ひつようなときにはいつでも、キミの心配ごとをこのたなの上に置いていいよ。
本をとじて、中にとじこめておくこともできる。

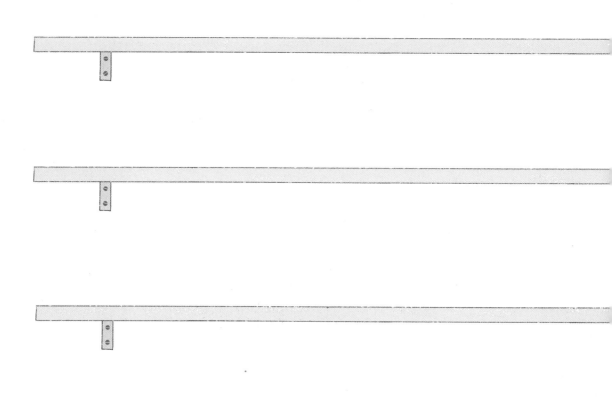

心配ごとをたなあげしている間に、
心配ごとがひとりでに解決してしまって
いることに気づくかもしれないよ。
今度もどってきてみたら、
もう問題じゃなくなっているかも。

心配ごと

助けの手

なやみをうちあけられる人を5人えらんで。
一人ずつ、それぞれの指に書いてみよう。
心理学者はこれを"助けの手"とよんでいるよ。
5人の人たちはキミのきもちが楽になるのを
手助けしてくれる人たちだ。

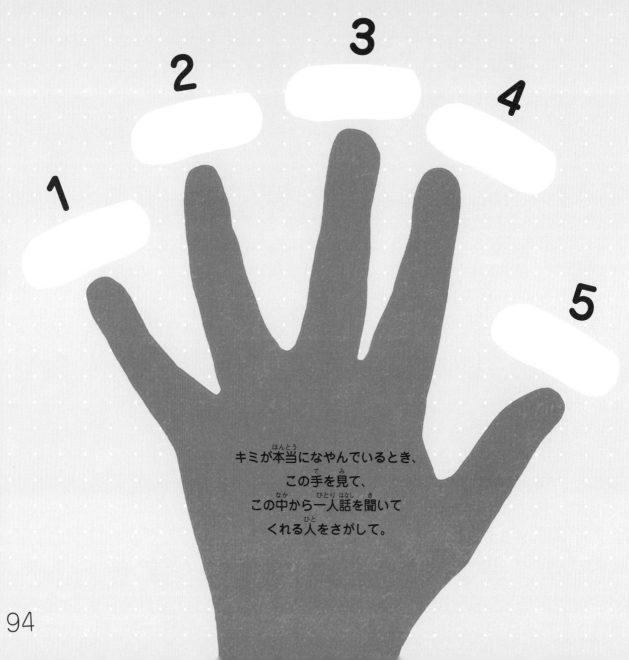

キミが本当になやんでいるとき、
この手を見て、
この中から一人話を聞いて
くれる人をさがして。

心配ごとでいっぱいに
なったら……

たいていのばあい、心配ごとは何とかなる。こきゅうやリラックス、気晴らしなんかのかんたんな方法で、きもちは楽になる。

でも、もしも心配ごとが、ものすごく大きくなってしまったり、リラックスできないぐらいになってしまったときには、ほかの人に相談することがとても、とても大事だよ。話を聞いた人が、キミを助けてくれる。はげましてくれる。どうしたらいいか教えてくれる。別の見方を示してくれる。"助けの手"の人に話してみよう。それか、信らいできる大人の人に。

学校だったら、担任の先生、（もしいるなら）スクールカウンセラーや看護師さん。その人たちは、キミを助けてくれるし、アドバイスをくれる。もしも、キミの心配ごとが学校で勉強したり生活したりすることに関係しているのなら、とくにそうすべきだよ。

もしも心配ごとがキミの生活にしんこくな悪いえいきょうをあたえているのなら、いつもかかっているお医者さんにみてもらうのもいい。そのお医者さんが心理士や精神科医のところにしょうかいしてくれる。その人たちは心配ごとをどうしたらいいかについて、キミを助けてくれる専門家だよ。

〔78～79ページの答え〕

メッセージは、「Everything is going to be ok. 万事うまくいっている。」

```
く  は し つ ざ い  れ  ま  じ ご
そ  お だ や か  く  い  ら ち
う  わ な れ な ほ ず  ん  め み
ゆ  を れ や い う て  ど  の ぱ
き  ら      ぬ ら  ふ  ぼ ろ に
す  く つ ら り れ   る  せ
れ  め ぢ よ べ か や    で か
に  ぶ み わ ら い   わ  ね や
し ん ば い な い    さ    う
み  や れ む ま に だ ぬ   ゆ こ
```

言葉の数が5～10個：良いスタートです。

言葉の数が11～20個：よくがんばりました。

言葉の数が20個以上：すばらしい！

THE UNWORRY BOOK
www.usborne.com Copyright © 2016
Usborne Publishing Ltd.

Japanese edition copyright © MEDICUS
SHUPPAN, Publishers Co., Ltd.

Japanese translation rights arranged with
Usborne Publishing Ltd.
Through Japan UNI Agency, Inc., Tokyo.

田中茂樹（たなか・しげき）

1965年生まれ。徳島市で育つ。

医師・臨床心理士・文学博士（心理学）。

京都大学医学部卒業。京都大学大学院文学研究科博士後期課程（心理学）修了。2010年まで仁愛大学人間学部心理学科教授。同大学付属心理臨床センター主任。現在は佐保川診療所（奈良市）にてプライマリケア医として地域医療に従事。不登校など子どもの問題について親へのカウンセリングを20年間続けている。

著書『子どもを信じること』（2011年、さいはて社）、『子どもが幸せになることば』（2019年、ダイヤモンド社）など。

なやまん・れんしゅうちょう
―ふあんなきもちがなくなるどうぐばこ

2020年7月10日発行　第1版第1刷©

著　者	アリス・ジェイムズ
訳　者	田中 茂樹
発行者	長谷川 素美
発行所	株式会社保育社 〒532-0003 大阪市淀川区宮原3-4-30 ニッセイ新大阪ビル16F TEL 06-6398-5151 FAX 06-6398-5157 https://www.hoikusha.co.jp/
企画制作	株式会社メディカ出版 TEL 06-6398-5048（編集） https://www.medica.co.jp/
編集担当	藤野美香
日本語装幀	くとうてん
印刷・製本	Shanghai Offset Printing Products Ltd.

ISBN978-4-586-08621-4　　Printed and bound in China
NDC141 96P　24cm×18.3cm

乱丁・落丁がありましたら、お取り替えいたします。